AF385275

AU ROI,

ET

A NOSSEIGNEURS

DE SON CONSEIL.

I R E,

Jacques-Louis DE LA RUE DE FOURMETOT, Claude-Bonnaventure DE LA RUE DE BEAUMONT, Jean-Baptiste DE LA RUE, Prêtre, Chanoine & Tréforier de l'Eglife Métropolitaine de Rouen, Docteur de Sorbonne, & Nicolas-Marie DE LA RUE, Chanoine de la même Eglife, Ecuyers, tous enfans héritiers

A

de Jacques-Etienne DE LA RUE, Sécrétaire du Roi, ancien Maire de la Ville de Rouen, & de Marie-Jeanne LANGLET, qui étoit légataire univerfelle du Sieur Nicolas MALVILLAIN fon neveu, que les Supplians repréfentent actuellement, REMONTRENT très - humblement à VOTRE MAJESTÉ, que leur honneur attaqué & l'intérêt de toute leur fortune, les mettent dans la trifte néceffité de demander la caffation d'un Jugement, dont les vices, dans l'inftruction & dans les difpofitions, n'ont jamais eû d'exemple.

On verra dans cet Arrêt un tiffu d'irrégularités: & de contraventions ; on y a fait un monftrueux mêlange de procédures criminelles & civiles ; fans accufation contre les Supplians, ni contre leurs pere & mere, on les condamne comme criminels, en des fommes immenfes, fur le motif d'une plainte & d'informations qui leur font étrangeres : on déclare faux, des actes, fans infcription ; le Jugement les annonce au Public comme des Fauffaires, fans qu'on ait fait leur Procès fur l'objet du prétendu faux.

Cette affaire eft de la plus grande importance, elle eft digne de toute l'attention du Confeil ; les Supplians efpérent que, quand V. M. fera inftruite des faits & des moyens, Elle leur accordera fa protection, pour les dégager de l'opprobre & de la ruine où ils feroient plongés fans reffource, fi le Jugement dont ils fe plaignent étoit canonifé.

3

F A I T.

Au mois de Novembre 1739, Jacques-Etienne de la Rue & Compagnie (compofée de fes deux fils aînés) les Sieurs Bonnet, Michel & Pierre le Mercier freres, & la Dame Baraguey, contracterent verbalement une Société pour acheter des cottons; les fieurs le Mercier, qui depuis long-tems faifoient ce commerce, furent chargés de faire les achats; ils en firent depuis le mois de Décembre 1739, jufqu'au 30 Avril 1740; ils en donnerent conjointement aux Vendeurs leurs billets payables à différentes échéances.

Le 17 Mai fuivant, il fut arrêté un tableau ou état des cottons achetés pour le compte des Affociés : on y a défigné les quantités qui montent à 473 balles, & 4 ballots, les Magafins où ils avoient été dépofés, les noms des Vendeurs, les termes & les échéances des billets avec le prix, dont le total étoit de 174009 liv. 13 f. 6 den. Les Affociés fignerent au bas du tableau, ils y déclarerent qu'ils étoient intéreffés, les fieurs de la Rue & Compagnie pour un cinquiéme, les fieurs le Mercier freres pour une pareille quotité, & le fieur Bonnet pour deux cinquiémes, dont il avoit deftiné moitié au fieur Dufour de Troyes. Chaque cinquiéme formoit une fomme de 34801 liv. 18 f. 9 den. dont chacun des Affociés s'obligea de faire les fonds la veille de l'échéance, entre les mains des fieurs le Mercier.

Depuis l'époque de cet état qui fixoit le fort des

Affociés, on n'acheta plus de cottons pour la So-ciété.

Au mois de Décembre de la même année, les fieurs le Mercier firent faillite ; ils dépoferent leurs billans au Greffe des Confuls de Rouen. Pierre le Mercier fit un contrat d'attermoyement avec fes créanciers, il en pourfuivit l'omologation aux Con-fuls ; le fieur Bazile & Compagnie y formerent op-pofition, Pierre le Mercier les fit affigner à compa-roître le 7 Janvier 1741, pour voir dire que, fans avoir égard à leur oppofition dont ils feroient dé-boutés, le contrat feroit omologué. Le fieur Bazile & Compagnie affignerent en même-tems le pere des Supplians, la Dame Baraguey & le fieur Bonnet, pour être condamnés folidairement & par corps avec les fieurs le Mercier, au payement de la fomme de 81198 l. 14 f. prix de 224 balles & ballots de cottons, qu'ils prétendoient avoir vendus aux fieurs le Mercier pour la Société, les 19 Décembre 1739, & 19 Janvier 1740.

Le 7 Janvier 1741, les Confuls rendirent trois Sentences en faveur, l'une du fieur de la Rue, l'autre de la Dame Baraguey, la troifiéme du fieur Bonnet, par lefquelles chacun d'eux fut déchargé de l'action du fieur Bazile & Compagnie, *faute par ceux-ci d'a-voir préfenté fur leur exploit original, & fauf à en venir par nouvelle action.*

Le même jour 7 Janvier intervint une quatriéme Sentence qui, fur la demande de Pierre le Mercier, en omologation de fon contrat d'attermoyement, renvoya la caufe à la huitaine pour y être fait droit.

Le fieur Bazile & Compagnie abandonnerent alors leurs demandes civiles portées aux Confuls, ils fe pourvurent au Bailliage de Rouen, où ils rendirent, contre Michel le Mercier feul, une plainte en banqueroute frauduleufe ; ils obtinrent une permiffion d'informer, ils firent entendre des Témoins : Michel le Mercier fut décreté de prife de corps par Sentence du 3 Février fuivant.

Le 25 Août de la même année, V. M. rendit de fon propre mouvement un Arrêt qui évoque tous les Procès civils & criminels, mûs & à mouvoir, & toutes les conteftations, circonftances & dépendances relatives aux banqueroutes de Michel & Pierre le Mercier, & pour être fait droit, tant contr'eux que contre leurs Affociés, Participans & Adhérans, Commis & Prépofés, & les Intéreffés à ces banqueroutes, en attribue la connoiffance au fieur de Pontcarré, alors Premier Préfident du Parlement de Rouen, & à neuf Confeillers de cette Cour, pour juger les Procès tant civils que criminels, au nombre de fept au moins.

Le même Arrêt con_net le fieur Foucher Subftitut pour faire les fonctions de Procureur Général.

Le fieur Jacques-Etienne de la Rue mourut le 10 Septembre fuivant, fans avoir été accufé d'être complice de la banqueroute des fieurs le Mercier.

Le 15 Février 1742, les Commiffaires rendirent un Jugement, qui ordonne que le Procès extraordinairement commencé contre Michel le Mercier fera continué à la requête du Procureur Général de la Commiffion ; que la Sentence de décret de prife de

corps, rendue contre Michel le Mercier, fera exé-
cutée felon fa forme & teneur; que les fieurs Pierre
le Mercier, Bonnet, & le fils aîné de Michel le Mercier, feront ajournés à comparoître en perfonnes;
que la Dame Baraguey, la femme de Michel le Mercier, Jacques Moynes, les nommés Guyon, Si-
mon, & le fieur Talon Commis du feu fieur de la
Rue, feront affignés pour être oüis & prêter leurs
interrogatoires, devant le fieur Demoy d'Ectot
Rapporteur.

Il paroît qu'il y eut encore dans la fuite, d'autres
Parties qui furent décretées, entr'autres les fieurs
Jean-Touffaint de la Rue, le fieur Malvillain, l'un
& l'autre Commis du pere des Supplians, & fes
neveux.

Ces différens Décretés d'ajournement perfonnel
& d'affigné pour être oüis, fubirent leurs interrogatoires devant le fieur d'Ectot *en fon Hôtel;* il ne
jugea pas à propos de fe tranfporter pour cet effet
au Palais dans la Chambre appellée *le Cabinet Doré,*
où les Commiffaires avoient rendu leur Jugement
du 15 Février 1742.

Le fieur Bonnet, l'un des Décretés, repréfenta, lors
de fon interrogatoire, le tableau du 17 Mai 1740,
au bas duquel le pere des Supplians, le fieur Bonnet,
la Dame Baraguey, & les fieurs le Mercier, avoient
arrêté leurs conventions de Société.

Le fieur Bazile & Compagnie préfenterent une
Requête, par laquelle, en interjettant appel des
quatre Sentences des Confuls, rendues le 7 Janvier
1741, ils prirent des conclufions à fins civiles, tant

7

contre la mere des Supplians, en qualité de veuve
& héritiere de Jacques - Etienne de la Rue, que
contre les Supplians auſſi héritiers de leur pere; ils
demanderent la jonction des Inſtances civile &
criminelle.

Sur l'oppoſition à la jonction demandée par le ſieur
Bazile & Compagnie, intervint le 8 Avril 1745, entr'eux, les Supplians, leur mere, & pluſieurs autres
Parties, un Jugement qui, faiſant droit ſur les Requêtes reſpectives, joint au Procès criminel les piéces
des Inſtances, introduites par les actions des ſieurs
Aubouin, Dupuis, Vaſſe, Midy, Fontenay & Yvelin,
les 7, 10, 17 Décembre 1740, & 19 Mars 1741,
ſans s'arrêter à l'oppoſition du ſieur Abbé de la Rue,
l'un des Supplians, dont il eſt débouté, joint pareillement au Procès criminel, non-ſeulement l'Inſtance
civile introduite par le ſieur Bazile le 7 Janvier 1741,
contre Michel & Pierre le Mercier, les ſieurs de la
Rue & Compagnie, le ſieur Bonnet, la Dame Baraguey, mais encore l'appel incident des quatre Sentences rendues le même jour 7 Janvier, pour être
fait droit ſur le tout, par un ſeul & même Arrêt.

Les ſieurs du Gard, le Monnier Syndic des créanciers de Michel le Mercier, & des Ramés, ont été
reçus Parties intervenantes dans l'Inſtance.

Le Procès criminel a été reglé à l'extraordinaire; le
ſieur Mouchard l'un des Commiſſaires, a auſſi procedé
en ſon Hôtel aux recollemens & confrontations.

Pluſieurs queſtions principales qui intéreſſent les
Supplians, ſoit du chef de leur pere, dont deux d'entr'eux étoient Aſſociés dans le commerce, ſoit du

chef du fieur Malvillain , dont leur mere étoit léga-taire univerfelle , ont fait la matiere du Procès.

1°. Les cottons vendus à Michel le Mercier, tant par le fieur Bazile & Compagnie, que par le fieur du Gard, ont-ils été achetés pour le compte de la Société d'entre les fieurs de la Rue, Bonnet, les freres le Mercier, & la Dame Baraguey, ou ces cottons ont-ils été vendus pour le compte de Michel le Mercier feul ?

2°. L'état ou tableau du 17 Mai 1740, qui ren-ferme la quantité des cottons achetés pour la Société, eft-il faux ou fincere ?

3°. Les affirmations faites les 17 Décembre 1740, 21 Avril 1741, & 15 Décembre 1742, les deux premieres au nom & en vertu de pouvoirs du fieur Jacques-Etienne de la Rue, & de fes deux fils aînés, Affociés avec lui dans le commerce ; la troifiéme au nom de Jacques-Louis de la Rue, l'un des Supplians, font-elles finceres ou fauffes ?

4°. Le fieur de la Rue pere, fes deux fils aînés, & le fieur Malvillain , ont-ils occafionné & favorifé la banqueroute de Michel & Pierre le Mercier, ou ne l'ont-ils ni occafionnée ni favorifée ?

5°. Le fieur Malvillain a-t-il fait figner par les nommés Lefebvre & du Pray , de faux certificats ?

Sur la premiere queftion , la mere des Supplians a établi, qu'un nombre d'années avant la Société contractée en participation entre les fieurs de la Rue, Bonnet , les deux freres le Mercier , & la Dame Baraguey, pour l'achat de cottons, Michel le Mer-cier faifoit un commerce particulier pour fon feul

compte ,

compte, & qu'il en a depuis aussi acheté pour lui seul ; elle a fait voir que les deux freres le Mercier avoient été chargés par la Société de signer les billets pour le montant du prix des cottons qui concernoient cette Société ; que les billets faits aux sieurs Bazile & Compagnie, & du Gard, n'étant pas signés par les deux freres le Mercier, constatoient que les cottons vendus par les sieurs Bazile & du Gard, ne concernoient que Michel le Mercier, qui les avoit seul signés.

Une preuve convaincante que les cottons du sieur Bazile & Compagnie ne concernoient pas la Société, prouvée par l'état ou tableau du 17 Mai 1740, c'est que ce tableau contient tous les cottons achetés pour elle, qu'il fait le détail des différens Particuliers qui ont vendu pour la Société, & que ceux du sieur Bazile & Compagnie n'y sont pas énoncés ; que la Société a cessé de faire acheter des cottons le 17 Mai 1740, époque du tableau qui fixe les portions de chacun des Associés ; que le sieur du Gard n'a vendu les siens à Michel le Mercier, qu'au mois d'Août suivant : preuve démonstrative que la Société n'y a été nullement intéressée.

Sur la seconde question, la Dame de la Rue a mis en évidence la sincérité du tableau du 17 Mai 1740, qui contient l'exacte énumération, non-seulement des balles de cottons achetés par les sieurs le Mercier pour la Société, mais encore les noms des Vendeurs & le prix. Elle a prouvé que ce tableau a été fait & signé par les Associés dans un tems non suspect, qu'on pouvoit d'autant moins le soupçonner de mauvaiſe foi, qu'il a été rédigé 7 mois avant la banqueroute des ſieurs le Mercier ; que le crime de faux imputé aux Aſſociés ne pouvoit ſe préſumer ; que ce n'étoit point par des déclamations, des injures & des calomnies, que l'on pouvoit détruire le tableau qui explique les objets de la Société, & la part que chacun des Aſſociés y avoit, mais qu'on ne pouvoit l'anéantir que par la voye de l'inſcription.

Sur la troiſiéme queſtion, la mere des Supplians a juſtifié la ſincérité des affirmations de 1740, 1741 & 1742.

Par la premiere, Jean-Touſſaint de la Rue, couſin germain des Supplians, en conſéquence du pouvoir qui lui avoit été donné, a affirmé le 17 Décembre 1740, que le ſieur Jacques-Eſtienne de la Rue, & ſes deux fils aînés, qui, comme on l'a obſervé, étoient depuis long-tems en Société de commerce avec lui, étoient Créanciers de Pierre le Mercier d'une ſomme de 17574 liv. 14 ſols.

Par la ſeconde affirmation, Jean-Touſſaint de la Rue a auſſi déclaré que Jacques-Eſtienne de la Rue & Compagnie, étoient Créanciers de la même ſomme, de Michel le Mercier ; Michel & Pierre le Mercier en étoient Débiteurs ſolidaires.

Ces deux premieres affirmations furent faites en la Juriſdiction conſulaire, avant l'Arrêt d'attribution aux Commiſſaires nommés par le Roi.

Mais ces affirmations étoient inſuffiſantes, elles ne contenoient pas toutes les ſommes qui étoient dûes par Michel & Pierre le Mercier à la Société particuliere du feu fieur de la Rue, & de fes deux fils aînés.

Le fieur de la Rue de Fourmetot, l'un des Supplians, examina les regiftres de cette Société, alors dépofés au Greffe des Confuls de Paris ; il y trouva la preuve, en premier lieu, que la Société étoit Créanciere de Michel & Pierre le Mercier, de la fomme de 17574 liv. 14 f. ce qui étoit conforme aux deux premieres affirmations ; fur cette fomme, la Société des fieurs de la Rue avoit depuis reçu 50 pour 100, fuivant le contrat d'attermoyement que Pierre le Mercier avoit fait avec fes Créanciers.

En fecond lieu, que la même Société des fieurs de la Rue étoit Créanciere d'une autre fomme de 12949 liv. 12 f. pour fix billets de Michel le Mercier, à l'ordre du fieur Dury qui avoit payé un à-compte de 1520 liv. 15 f. 9 d.

En troifiéme lieu, qu'il étoit encore dû à la Société des fieurs de la Rue, par Michel & Pierre le Mercier, 3022 liv. 7 f. 2 den. pour leurs 5 fols d'intérêt dans 38 balles de cottons, efcomptées par le feu fieur de la Rue.

En quatriéme lieu, que la Société des fieurs de la Rue devoit aux fieurs le Mercier 5114 liv. 19 f. d'une part, à Michel le Mercier 2375 liv. 5 f. 9 d. d'autre, & au même Michel 216 liv. 14 f. encore d'autre.

En conféquence de cette recherche faite avec la plus fcrupuleufe exactitude, le fieur de la Rue de Fourmetot envoya de Paris au fieur Thibault, l'un des Commis de la Société des fieurs de la Rue, une procuration pour faire une nouvelle affirmation devant les Commissaires qui étoient alors nommés; le 15 Décembre 1742, le sieur Thibault fit cette affirmation devant le sieur Mouchard l'un des Commissaires.

La mere des Supplians a détruit jusqu'aux soupçons du faux imputé aux trois affirmations successivement faites, en établissanr la réalité, tant des différentes créances de la Société des sieurs de la Rue pere & fils, que des sommes qui sont dûes par ceux-ci aux sieurs le Mercier, créances actives & passives qui sont constatées, soit par leurs regiftres de commerce, soit par d'autres titres libres de critique.

Sur la quatriéme queftion, la mere des Supplians a manifeité la calomnie du sieur Bazile sur le fait qu'il imputoit au feu sieur de la Rue, d'avoir favorisé la banqueroute de Michel le Mercier, en faisant transporter dans son magasin des cottons qui étoient dans celui de la Dame de Hors.

La mere des Supplians eft convenue qu'on avoit tiré du magasin de la Dame de Hors, 39 balles & un ballot de cottons achetés du sieur Ribard, & 30 balles & 2 ballots achetés du sieur Grimprel, pour les transporter dans le magasin des sieurs de la Rue; mais ce transport fait après la mort du Sr. de la Rue pere, n'a rien de criminel, on l'a fait environ dix mois après l'ouverture de la faillite des le Mercier, conséquemment les cottons n'avoient pas été transportés dans la vûe de favoriser une faillite faite bien antérieurement.

On avoit eû, dans le tems du transport, d'autant

moins intention de favoriſer la banqueròute, que
cinq mois après qu'elle fut ouverte, & plus de quatre
mois avant de les tranſporter, le feu ſieur de la
Rue avoit offert au ſieur Grimprel de lui rendre
les 30 balles & 2 ballots que celui-ci avoit vendus
aux ſieurs le Mercier pour la Société des ſieurs de la
Rue, Bonnet, le Mercier & de la Dame Baraguey :
les offres du ſieur de la Rue ſont conſtatées par une
Sentence des Conſuls du 26 Avril 1741.

Le magaſin de la Dame de Hors avoit été pris
à loyer pour ces Aſſociés ; c'eſt dans la ſeule vûe
d'épargner les frais de Magaſin, que le tranſport
fut fait des deux parties de cottons en queſtion,
dans le magaſin du ſieur de la Rue, parce que ce
dernier magaſin ne coûtoit rien à la Société : au reſte
le ſieur Bazile pouvoit d'autant moins argumenter
du tranſport de ces cottons, qu'il n'y avoit aucun
intérêt, & qu'ils n'étoient compris, ni dans ſa
demande civile, ni dans ſa plainte criminelle.

Le ſieur Malvillain s'eſt pleinement juſtifié ſur le
crime qu'on lui imputoit d'avoir fait tranſporter les
deux parties de cottons provenant des ſieurs Ribard
& Grimprel, en diſant qu'il ne les avoit fait porter
du magaſin de la Dame de Hors en celui des
ſieurs de la Rue, qu'en conſéquence de l'ordre qui
lui en avoit été donné par le feu ſieur de la Rue,
dont il étoit le neveu & le Commis ; qu'il avoit ſi
peu penſé à commettre un crime en exécutant cet
ordre, qu'il avoit fait faire le tranſport publiquement en plein jour ; que s'il eût cru faire préjudice
à quelqu'un, il n'auroit pas manqué de ſe cacher,

& de faire conduire les cottons pendant l'obfcurité de la nuit ; qu'il n'avoit pas d'ailleurs le plus leger intérêt dans la Société des cottons, & qu'on ne commet pas le crime fans avoir quelque motif d'intérêt ; que c'étoit une pure vexation de l'avoir impliqué dans la procédure criminelle, de l'avoir fait décreter de prife de corps, & de l'avoir fait mettre en prifon.

Sur la cinquiéme queftion, la Dame de la Rue & le fieur Malvillain ont efficacement combatu les moyens que le fieur Bazile appelloit à fon fecours, pour convaincre que deux certificats des 9 & 10 Août 1741 font faux ; les circonftances de cet objet font fort fingulieres ; elles manifeftent l'excès des chicannes fufcitées, tant à la famille du fieur de la Rue, qu'au fieur Malvillain fon neveu, & l'injuftice de l'une des difpofitions du Jugement dont les Supplians fe plaignent.

Dès le commencement du Procès civil, il s'agiffoit entr'autres chofes, de fçavoir fi les cottons du fieur Bazile & une partie de 34 balles du fieur Grimprel, avoient été achetés pour le compte de la Société des fieurs de la Rue, Bonnet, le Mercier, & de la Dame Baraguey, ou fi ces cottons avoient été achetés pour le feul compte de Michel le Mercier : on confeilla au feu fieur de la Rue de prendre des certificats des nommés Dupray & Lefebvre Brouettiers, pour conftater que les mêmes parties de cottons avoient été portées dans les magafins particuliers de Michel le Mercier, & non dâns ceux de la Société.

Le feu fieur de la Rue dreffa des modelles de ces certificats, en partant de Rouen pour fa Campagne où il mourut peu de tems après ; il laiffa fes modelles au fieur Malvillain : celui-ci les tranfcrivit & remit les deux expéditions qu'il avoit tranfcrites, aux deux Brouettiers qui les fignerent telles que le fieur Mal- villain les leur avoit données. Les certificats ne contenoient que des faits exactement conformes à la vérité : cependant on n'en fit aucune forte d'ufage ; perfonne ne les produifoit , & perfonne ne prétendoit en tirer avantage ; mais on fut inftruit que les deux certificats exiftoient.

Le fieur Malvillain ayant été décreté de prife de corps & conftitué Prifonnier , fut interrogé s'il s'étoit fait donner des certificats par les Brouettiers ; il l'avoua de bonne foi, & avec d'autant moins de difficulté, qu'il ne foupçonnoit pas qu'on pût jamais lui en faire un crime, puifque d'un côté, il a toujours été permis de demander des certificats pour prouver des faits dont les Certificateurs ont une pleine connoiffance ; que de l'autre, les Juges font les maîtres d'avoir égard à de pareilles piéces ou de les méprifer.

Ce n'eft que par l'aveu que le fieur Malvillain en a fait, dans fon interrogatoire, que l'on a eu con- noiffance des deux certificats en queftion ; aucune des Parties de l'Inftance ne s'en eft fervie pour former des demandes, ou pour s'en faire un moyen de défenfes ; on ne pouvoit par conféquent faire aucun légitime reproche au feu fieur de la Rue d'en avoir dreffé les modelles , & au fieur Malvillain de les avoir tranfcrits fur la minute , depuis la mort du fieur de la Rue , ni de les avoir remis aux deux Brouettiers pour les figner.

Le fieur Malvillain qui n'étoit que fimple Commis du fieur de la Rue , n'avoit aucun intérêt dans la Société des cottons , ni dans le procès , a effuyé , quoi qu'innocent , la plus dure & la plus injufte perfécution : on ne pouvoit , avec fondement , l'accufer du plus léger crime , foit pour avoir fait tranfporter publiquement du magafin de la Dame de Hors , deux parties de cottons qui appartenoient à la Société , foit pour avoir tranfcrit fur la minute deux certificats dont on n'a point fait ufage pour demander ou pour fe défendre.

Voilà l'analyfe des moyens que la Dame de la Rue & le fieur Malvillain ont féparément employés dans le cours du Procès pour défendre leur caufe.

Le fieur Bazile & Compagnie , le Syndic des Créanciers de Michel le Mercier , les fieurs du Gard & des Ramés , pour parvenir à leur objet , ont employé non-feulement les plus téméraires fuppo-fitions , les déclamations les plus outrées contre le tableau du 17 Mai 1740 , & les certificats des Brouettiers , mais encore le menfonge & la calom-nie ; ce font-là les feules reffources qu'ils ont invoquées. Ils n'ont pû fournir aucune preuve de tous les faits qu'ils ont harfadés , & qu'ils ont abondamment multipliés.

Le fieur Bazile ayant reconnu que la procédure criminelle , qui avoit pour bafe fa plainte portée au Bailliage , étoit très - vicieufe , préfenta le 6 Août

Août 1750, une Requête où il prit des conclusions fort étendues que l'on réduira ici aux objets rélatifs à la demande en caſſation.

Il demanda 1°. que toute l'inſtruction criminelle faite à la requête du Procureur Général de la Commiſſion, depuis le 19 Janvier 1742, fût déclarée nulle, & qu'elle reſtât ſeulement au Procès pour y ſervir de Mémoire avec les piéces repréſentées par les Accuſés ; que les Décrets prononcés par les Arrêts des 15 Février, 12 Mai & 14 Juin ſuivans, fuſſent exécutés ſelon leur forme & teneur, ce faiſant, que les Accuſés prêtaſſent de nouveaux interrogatoires pour lui être communiqués.

Les Supplians ignorent quels moyens de nullité le ſieur Bazile a propoſés contre la procédure d'inſtruction : ils ne connoiſſent ſa Requête de 1750 que parce qu'elle eſt viſée dans le Jugement définitif.

2°. Qu'il lui fût accordé acte de ſa nouvelle plainte, qu'il fût autoriſé à faire informer tant par preuves littérales, que par Témoins, de toutes les fraudes & les fauſſetés commiſes par les Accuſés, leurs Complices & leurs Commis, pour couvrir les opérations faites ſous les noms interpoſés de le Mercier, & notamment que le tableau du 17 Mai 1740, a été fauſſement fabriqué après coup en 1741, par la veuve Baraguey & ſes Complices, & copié par ſon Commis, pour ſubſtituer d'autres cottons aux 361 balles mentionnées en un acte du premier Mars 1740, dont les cottons du ſieur Bazile faiſoient partie ; que le *tableau du 17 Mai a été fauſſement fabriqué* par les Accuſés & rédigé en l'état qu'il eſt,

C

pour fuppofer qu'il contient tous les cottons qu'ils avoient fait acheter jufqu'au 19 Mai 1740, & qu'ils ont fabriqué les faux certificats repréfentés par le fieur Malvillain, lorfqu'il fut interrogé en 1742.

Cette Requête du fieur Bazile, qui renferme beaucoup d'autres chefs, dont on ne croit pas qu'il foit néceffaire de faire le détail, annonce d'un côté, que jufques-là, les preuves de fes allégations lui manquoient; que de l'autre, il avoit découvert que tout ce qui avoit été fait dans l'inftruction criminelle, depuis le 19 Janvier 1742, étoit radicalement nul, & qu'enfin il s'eft déterminé à rendre une plainte en faux principal, contre le tableau du 17 Mai 1740, & les certificats des 9 & 10 Août 1741.

Les Commiffaires rendirent le 21 Août 1751, *un Jugement, qui, fans avoir égard aux nullités propofées par le fieur Bazile, contre l'inftruction criminelle, ordonne que les Arrêts des 15 Février, 12 Mai & 14 Juin 1742 feront exécutés, ce faifant, que les Accufés prêteront de nouveaux interrogatoires; qu'à la requête & diligence du Procureur Général de la Commiffion, il fera informé du contenu en la Requête du fieur Bazile, circonftances & dépendances, que le prétendu modele du tableau a été fabriqué après coup en 1741, par la Dame Baraguey & fes Complices, écrit & copié par fon Commis, pour fubftituer d'autres cottons aux 361 balles mentionnées dans l'acte du premier Mars 1740, dont les cottons du fieur Bazile faifoient partie; que pour donner en payement, Michel le Mercier feul en banqueroute, l'acte du 17 Mai 1740 a été fauffement fabriqué par les Accufés & rédigé en l'état qu'il eft pour fup-*

poser qu'il contient tous les cottons qu'ils avoient fait acheter jusqu'au 17 Mai sous les noms interposés des sieurs Mercier ; que les deux certificats ont été fabriqués ; que Procès - verbal sera dressé à la requête du Procureur Général, en la présence du sieur Bazile, tant des actes des premier Mars, 17 Mai & 17 Août 1740, que des deux certificats représentés par le sieur Malvillain.

Ainsi la plainte du sieur Bazile en faux principal, contre l'acte ou tableau du 17 Mai 1740 & les deux certificats, a été admise.

Quoique le Jugement de 1751 ne déclare pas directement nulle, la procédure de l'instruction, cependant il la juge telle indirectement, puisqu'il ordonne que les Accusés prêteront de nouveaux interrogatoires. On dressa au mois de Décembre suivant, Procès-verbal de l'état des pièces prétendues fabriquées, mais on ne fit aucune instruction pour en constater le faux. On ne fit point subir au sieur Malvillain le nouvel interrogatoire ordonné ; il mourut au mois de Mars 1752 : plusieurs des autres Accusés furent interrogés, & il y en a un nombre qui ne le furent pas.

Le 4 Avril 1754, intervint un Jugement ; portant que les Accusés seront récolés sur leurs interrogatoires & confrontés si besoin étoit, les uns aux autres. On ne voit pas que ce Jugement ait été exécuté, ni que les Accusés ayent été confrontés entr'eux.

Le sieur Bazile & Compagnie, firent dans la suite signifier jusques & compris le 28 Juillet 1763, différentes Requêtes, où ils firent des productions nouvelles & prirent de nouvelles conclusions ; mais on

C ij

n'affigna point en reprife d'Inftance ; les fœurs du
fieur Malvillain, décédé en 1752 ; elles étoient fes
héritieres de droit, & fes Légataires pour l'ufufruit,
tant de fon mobilier, que de fes acquêts ; la feue
Dame de la Rue qui en étoit Légataire univerfelle
pour la propriété, ne fut point également affignée.
en reprife d'Inftance.

La Dame de la Rue qui étoit l'une des principales
Parties dans l'Inftance civile & qui avoit feule dé-
fendu la Caufe de fon mari, dont elle étoit héritiere pour moitié, mourut en 1759, & les Suppliaris
fes héritiers ne furent point auffi affignés pour reprendre l'Inftance en fon lieu & place. Michel le
Mercier, Pierre fon frere, & le fieur Bonnet étoient
pareillement décédés fans que leurs héritiers ayent
été affignés en reprife. Les extraits mortuaires des
Parties décédées ont été cependant produits &
reçus, par des Jugemens de la Commiffion.

Ce fut en cet état, qu'intervint le 17 Août 1763,
le Jugement définitif, dont voici les difpofitions.

La premiere, *vû les charges réfultantes du Procès*,
déclare Michel & Pierre le Mercier, dûement atteints
& convaincus de banqueroute frauduleufe, de
fraudes & d'abus de la confiance du Public.

La feconde, déclare le fieur Bonnet, la veuve
Baraguey, Jean-Touffaint de la Rue & Compagnie,
atteints & convaincus d'avoir occafionné, aidé &
favorifé la banqueroute avant & depuis qu'elle a
été ouverte.

La troifiéme, déclare l'état ou tableau du 17 Mai
1740, nul, frauduleux & faux, ainfi que les billans

des le Mercier , & les affirmations des 17 Décembre 1740 , 20 Avril 1741 & 15 Décembre 1742 , faites par Jean-Touſſaint de la Rue & Jean-Louis de la Rue.

La quatriéme , faiſant droit ſur l'appel interjetté par Bazile & Compagnie , des Sentences intervenues aux Conſuls le 7 Janvier 1741 , ſur leur action intentée le même jour , contre les le Mercier , Jacques-Eſtienne de la Rue , Bonnet & la veuve Baraguey , *& ſur la plainte de Bazile* , *portée devant le Lieutenant Criminel du Bailliage de Rouen* , met les Sentences dont étoit appel au néant ; caſſe & annulle ces Sentences ; en conſéquence , condamne *les ſuccef-ſions des le Mercier* , *Jean-Touſſaint de la Rue & Compagnie* , *la ſucceſſion de Bonnet* & la veuve Baraguey , ſolidairement , à payer à Bazile & Compagnie , la ſomme de 81198 liv. 14 ſ. avec les intérêts du jour de la demande , en déduiſant ce qui peut avoir été reçu par Bazile & Compagnie : *en* 100000 *liv. de dommages-intérêts* d'indue vexation , & aux dépens de tout ce qui s'eſt fait depuis le 3 Décembre 1740 ; *le tout ſolidairement.*

La cinquiéme , faiſant droit ſur les aſſignations de Bazile & Compagnie , données à la Dame Langlet veuve de Jacques-Eſtienne de la Rue & ſes enfans , déclare *la ſucceſſion du ſieur de la Rue ſolidairement prenable des condamnations* , tant en principal & intérêts , que dommages & intérêts d'indue vexation , & dépens. Condamne pareillement *la ſucceſſion* de la Dame Langlet veuve de la Rue , & ſes enfans , ſolidairement au payement de toutes ces ſommes.

La ſixiéme , déclare Nicolas Malvillain atteint &

convaincu de complicité des banqueroutes & fraudes , d'avoir fait tranſporter depuis le décès de Jacques-Eſtienne de la Rue , une quantité conſidérable de cottons, du Magaſin du ſieur de Hors dans celui du ſieur de la Rue ; nottamment pluſieurs balles vendues aux le Mercier , par Bazile & Grimprei , d'avoir fait ſigner aux nommés le Febvre & Dupray *de faux certificats* , pourquoi déclare *la ſucceſſion* de Nicolas Malvillain prenable de toutes les condamnations ci-deſſus prononcées.

La ſeptiéme,faiſant droit ſur la demande de Robert du Gard , condamne ſolidairement Jean-Touſſaint de la Rue *& Compagnie* , la veuve Baraguey , *les ſucceſſions de Bonnet , Pierre le Mercier & Malvillain , les ſucceſſions de Jacques-Eſtienne de la Rue , de la Dame Langlet ſa veuve* , & ſes fils , au payement de la ſomme de 20749 liv. montant de 68 balles de cottons par lui vendues aux le Mercier , avec les intérêts du jour de la demande , & aux dépens.

La huitiéme , faiſant droit ſur la demande de Jacques le Monnier Syndic des créanciers le Mercier , condamne ſolidairement Jean-Touſſaint de la Rue *& Compagnie*, la veuve Baraguey , *les ſucceſſions de Bonnet , de Pierre le Mercier , & de Malvillain , de Jacques-Eſtienne de la Rue , de la Dame Langlet & ſes fils* , *au payement* de tout ce qui eſt dû aux Créanciers en principal & intérêts du jour de la demande , avec dépens.

La neuviéme , reçoit des Ramés oppoſant à un Arrêt par défaut que le ſieur Bonnet avoit obtenu au Parlement le 11 Août 1741 , ordonne l'exécution d'un autre Arrêt du 13 Mai précédent, & condamne folidairement *les fucceffions de Bonnet, Michel & Pierre le Mercier*, au payement des fommes dues à des Ramés, & en 6000 liv. de dommages & intérêts, déductions faites des fommes qu'il peut avoir touchées, avec dépens ; déclare folidairement prenables de ces condamnations, Jean-Touffaint de la Rue *& Compagnie*, la veuve Baraguey, *& la fucceffion de Malvillain*, dont recours entr'eux, s'il y échoit.

Telles font les difpofitions de ce funefte Jugement rendu contre les conclufions du Procureur Général ; le Syndic des Créanciers de Michel le Mercier, en le faifant fignifier aux Supplians, leur a fait faire un commandement de lui payer la fomme de 405126 liv. 12 f. 3 d. tant en principal, qu'intérêts & frais ; il a fait faire fur les Supplians entre les mains de leurs Fermiers & Locataires, des faifies & arrêts.

Les condamnations prononcées en faveur des fieurs Bazile & Compagnie, du Gard & des Ramés, montent à environ la même fomme : Si donc ce Jugement fubfiftoit, les Supplians feroient non-feulement defhonorés, puifqu'il les répute fauffaires, mais encore totalement ruinés, & ils n'auroient pas, à beaucoup près, de quoi payer le montant de toutes ces condamnations.

Mais l'éclatante injuftice & les contraventions multipliées que ce Jugement renferme, donne aux Supplians une folide efpérance, que V. M. les affranchira de leur ruine & de la violente oppreffion où ils font réduits.

Il n'y a point eû de plainte criminelle formée ni

contre les Supplians , ni contre leurs pere & mere ;
ils n'ont point été enveloppés dans l'inftruction qui
s'eft faite en conféquence de la plainte faite devant
le Lieutenant Criminel du Bailliage de Rouen : cependant on s'eft fervi de la procédure criminelle pour
les condamner ; il eft vrai qu'on a rendu une plainte
en faux principal contre l'acte, ou tableau du 17
Mai 1740 ; mais il n'a été fait aucune inftruction à ce
fujet : on ne pouvoit donc les condamner , relativement au faux imaginaire.

On n'a pû d'ailleurs fournir la plus légere preuve
que les feus Sieur & Dame de la Rue aient aidé & favorifé la banqueroute des le Mercier , ni que ceux-
ci euffent acheté pour le compte de la Société les cottons du fieur Bazile , la partie des trente-quatre
balles de Grimprel, ceux de du Gard , & ceux à l'oc-
cafion defquels des Ramés a formé fes demandes ; la
Dame de la Rue mere des Supplians a même admi-
niftré des preuves littérales qui détruifoient radicalement la prétention de fes Adverfaires , qui ne l'ap-
puyoient que fur de vaines allégations avancées au
hazard.

On a déclaré fauffes les trois affirmations faites au
nom , foit du fieur de la Rue pere , foit de fon fils
aîné ; il eft cependant certain que ni Bazile , ni fes
Adhérans n'ont pû fournir aucune forte de preuve de
fauffeté, & que toutes les fommes affirmées être dues
à la Société particuliere des fieurs de la Rue , par les
fieurs le Mercier, font conftatées par les regiftres de
cette Société particuliere, qui étoient dépofés au
Greffe des Confuls de Paris , & qui n'ont point été
attaqués de faux.   On

On conçoit donc que c'est une injustice la plus énorme de juger que des affirmations font fausses, quand elles font conformes à des regiftres dont on n'a pas même demandé la représentation, ni le compulfoire, avant de déclarer parjures les fieurs de la Rue pere & fils, parce que c'est les déclarer parjures, que de juger qu'ils ont fait de fausses affirmations.

On déclare *Jean-Toufaint de la Rue & Compagnie, atteints & convaincus d'avoir occafionné, aidé, & favorifé la banqueroute ;* mais Jean-Toussaint ne devoit pas être impliqué dans cette affaire ; il n'étoit que le Mandataire de Jacques-Estienne de la Rue, & des deux fils aînés de celui-ci.

Jacques-Est. de la Rue & fes deux fils aînés avoient contracté une Société de commerce ; ils tenoient deux maifons, le pere tenoit celle de Rouen ; mais il s'abfentoit fréquemment ; fes deux fils demeuroient à Paris. Pour faciliter le progrès de leur commerce, ils donnerent les 13 & 14 Avril 1737 une procuration au fieur Jean-Toussaint de la Rue, qui demeuroit dans leur maifon de Rouen, un pouvoir fpécial de figner pour eux, *fous la raifon de la Rue & Compagnie, toutes Lettres de change, billets, ou endoffemens, & lettres miffives, à condition expreffe qu'il n'en figneroit jamais fous cette raifon, que pour le compte de fes Commettans, & qu'il ne pourroit exiger d'eux aucune participation, ou intérêt dans leurs affaires ; fe refervans de reconnoître les bons offices qu'il leur rendroit dans fa geftion.*

Jean-Toussaint de la Rue n'avoit donc aucun intérêt dans la Société des fieurs de la Rue, ni par conféquent dans la banqueroute ; les Commiſſaires ne l'ont pas ignoré, puiſqu'il l'a déclaré dans ſes interrogatoires.

Mais quand on ſuppoſeroit contre les termes exprès de ſon pouvoir, qu'il auroit été Aſſocié, il étoit d'une évidente injuſtice de déclarer la *Compagnie atteinte & convaincue* d'un crime, ſans plainte contre chacun des membres, & ſans les avoir mis en cauſe.

Les crimes ſont perſonnels à ceux qui les commettent ; leurs Aſſociés dans le commerce peuvent n'être pas coupables ; au moins les principes de l'équité naturelle exigent-ils qu'ils ſoient entendus ; cependant les ſieurs de la Rue qui formoient la Compagnie, n'ont jamais été perſonnellement impliqués dans la plainte du prétendu crime imputé à Jean-Touſſaint leur Mandataire, ils n'ont point été décretés.

Comment donc a-t-on pû les déclarer atteints & convaincus d'avoir occaſionné, aidé & favoriſé la banqueroute, & s'en ſervir de prétexte pour prononcer contr'eux les plus iniques, les plus violentes condamnations ? Les premieres regles de l'équité n'exigent-elles pas que l'on entende les Parties que l'on veut condamner ? Si en matiere civile cette regle ne peut être violée, ne doit-elle pas être encore plus inviolable en matiere criminelle, où il s'agit tout à la fois de l'honneur & de la fortune ?

Si Jean-Touſſaint de la Rue étoit coupable du crime dont on l'accuſoit, en pouvoit-on conclure que Jacques-Eſtienne de la Rue & ſes deux fils aînés, (dont il n'étoit que le Mandataire) qui étoient abſens de la Ville de Rouen lors de la banqueroute des le Mercier, étoient également criminels ? Leur éloignement de la Ville de Rouen, où la banque-route s'eſt ouverte, ne devoit-elle pas ſervir puiſ-ſamment à convaincre qu'on ne pouvoit les ſoup-çonner d'avoir participé à la fraude que les le Mer-cier pouvoient avoir commiſe au préjudice de leurs Créanciers ?

Mais n'eſt-ce pas un principe fondé ſur les Loix, la Juriſprudence & le ſentiment unanime des Auteurs que le crime eſt éteint par la mort de l'Accuſé ? *Morte extinguitur crimen :* les le Mercier étoient morts long-tems avant le Jugement ; les Commiſſaires en étoient pleinement inſtruits, puiſqu'on avoit pro-duit les Extraits mortuaires, & qu'ils ont condamné *les ſucceſſions* au payement des ſommes adjugées : de-là, n'eſt-il pas d'une évidence palpable que les le Mercier ne pouvoient être déclarés coupables *de ban-queroute frauduleuſe, de fraude & d'abus de la confiance du Public ?*

Les le Mercier pouvoient, s'ils euſſent été vivans, être admis à la preuve de leurs faits juſtificatifs, & même établir leur innocence, dans le dernier inter-rogatoire requis par l'Ordonnance : Leur mort ne permettoit pas qu'ils puſſent ſe juſtifier des crimes dont on les a accuſés : l'extinction en étoit acquiſe par leur décès ; dès que le crime étoit éteint par leur mort, il n'étoit plus poſſible de les juger criminels ; par conſéquent, il n'étoit pas permis de déclarer qui que ce ſoit atteint & convaincu d'avoir occa-ſionné, aidé & favoriſé un crime qui n'étoit plus cenſé avoir été commis.

D ij

Si les crimes imputés aux le Mercier étoient ré-
putés comme n'ayant jamais exifté, on ne pouvoit
les condamner comme criminels; fi ces principaux
Accufés ne pouvoient être condamnés pour les crimes qu'on leur reprochoit, comment étoit-il poffi-
ble de condamner les prétendus Fauteurs, dont la
condamnation ou juftification dépendoit néceffaire-
ment de celle des le Mercier? Ceux-ci étoient, par
leur mort, de droit affranchis de toute condamnation criminelle : les prétendus Fauteurs en étoient
donc inconteftablement exempts, puifque l'abfolu-
tion des uns étoit inféparable de celle des autres.

Ainfi, de quelque côté que l'on confidére les
condamnations prononcées contre les Supplians,
l'iniquité en paroîtra dans le plus haut dégré d'évidence.

Celles qui regardent le fieur Malvillain, que les
Supplians repréfentent à titre de Légataires univer-
fels du chef de leur mere, ne renferment pas moins
d'iniquité; fon Extrait mortuaire qui a été produit
a annoncé aux Commiffaires qu'il étoit décedé *integri
ftatus*, dès 1752. Ils n'étoient donc pas en droit
de le déclarer *atteint & convaincu* du crime *de complicité de la banqueroute & des fraudes* des le Mercier;
fa mort le mettoit d'autant plus à l'abri d'être déclaré criminel, qu'on ne lui avoit point fait fubir le
nouvel interrogatoire ordonné par le Jugement de
1751, que fon décès l'a mis hors d'état de requérir
l'admiffion à la preuve de fes faits juftificatifs, preuve
à laquelle les Juges auroient pu l'admettre, preuve
qui auroit manifefté fon innocence; il pouvoit même

la démontrer lors du dernier interrogatoire exigé par l'Ordonnance criminelle.

On a obfervé dans l'hiftoire des faits, qu'on n'accu-foit le fieur Malvillain, que de deux crimes imagi-naires, l'un d'avoir fait tranfporter des cottons du magafin de la Dame de Hors dans celui du fieur de la Rue ; mais ces cottons avoient été achetés pour les Affociés, & non pour Michel le Mercier en particulier ; la certitude en eft démontrée ; mais le fieur Malvillain ne les avoit fait tranfporter que par l'ordre du feu fieur de la Rue, dont il étoit depuis long-tems Commis, ils n'avoient été portés d'un magafin à un autre, que pour épargner aux Affociés des frais de magafin.

On peut d'autant moins préfumer que le fieur Malvillain ait penfé qu'il y eût du crime à faire tranf-porter les cottons, qu'il ne s'eft point caché pour cette opération, puifque le tranfport a été fait publi-quement en plein jour, & non dans l'obfcurité de la nuit : le Criminel s'enveloppe dant les ténébres, l'innocence ne prend point de précaution : le fieur Malvillain n'avoit nulle forte d'intérêt dans l'opéra-tion qu'il a faite à ce fujet ; on ne commet pas ordi-nairement le crime fans quelqu'efpérance d'utilité : lors du tranfport des cottons, il y avoit près d'une année que les banqueroutes étoient ouvertes, il ne s'agiffoit donc pas de les faciliter & de les aider ; dès le mois d'Avril 1741, environ fix mois avant le tranf-port, le feu fieur de la Rue avoit judiciairement offert au Vendeur les cottons en queftion.

La combinaifon de ces différentes circonftances

ne prouve-t-elle pas jufqu'à la plus folide conviction que le fieur Malvillain n'étoit nullement coupable, relativement au tranfport des cottons ?

L'autre fait qu'on lui a imputé, concerne les certificats qu'il a tranfcrits fur les modeles que le feu S^r. de la Rue avoit rédigés, & de les avoir fait figner : le fieur Malvillain étoit-il réellement criminel en cette conjonĉture ? Les certificats ne contenoient que des faits vrais, qui étoient même fortifiés d'autres preuves : Dupray & Lefebvre, Brouettiers, en avoient une pleine connoiffance ; ils pouvoient les figner fans fcrupule : où étoit le délit de demander ces certificats ? Si les deux Certificateurs n'ont pas été punis, n'étoit-ce pas une injuftice révoltante de deshonorer la mémoire du fieur Malvillain, en jugeant qu'il avoit fait figner de faux certificats ?

L'injuftice paroîtra encore avec plus d'éclat, fi l'on fait attention que l'information ordonnée par le Jugement de 1751 , pour fçavoir fi les certificats étoient faux , ou s'ils ne l'étoient pas , n'a point été faite ; que les certificats n'ont point été produits en l'Inftance, par ceux qui pouvoient être intéreffés à en argumenter , & qu'ils n'ont paru fous les yeux de la Juftice , que parce que le fieur Malvillain, interrogé au mois de Mai 1742, s'il s'étoit fait donner des certificats par les Brouettiers du feu fieur de la Rue , & par celui de Michel le Mercier , convint de ce fait ; interpellé de dire ce que contiennent les certificats, il déclara qu'il ne s'en fouvenoit pas pofitivement, *& que par la repréfentation, qu'il obéiffoit d'en faire, il feroit aifé de voir leur contenu ; fi le fieur*

Malvillain eût été criminel, il ne tenoit qu'à lui de dénier le fait, & de ne pas repréfenter des certificats qui, n'ayant point jufques-là été produits, devoient être confidérés, comme n'exiftans point ; *de iis quæ non funt & quæ non apparent idem fit judicium.*

Mais le fieur Malvillain n'ayant rien à fe reprocher au fujet de ces deux piéces, offrit de lui-même de les repréfenter ; ce n'eft que de cette maniere qu'elles ont été connues dans le Procès : de-là, ne doit-on pas être juftement étonné de ce que l'on s'eft fondé fur de pareilles piéces, dont perfonne n'a fait ufage, pour flétrir la mémoire du fieur Malvillain, en déclarant faux les deux certificats, & pour ruiner fondamentalement fa fucceffion par les condamnations folidaires qui ont été prononcées, fans qu'on ait fait d'autres procédures pour parvenir à la connoiffance du faux, que celle d'ordonner en 1751, qu'il feroit fait à ce fujet une information, & de parapher les certificats.

Voilà donc des preuves de différentes efpéces, qui, relativement aux Supplians & au fieur Malvillain, démontrent la plus violente injuftice.

Mais le Jugement attaqué préfente-t-il quelque contravention aux Loix émanées de l'Autorité Royale ? C'eft-là ce qui refte à examiner.

L'article 4 du titre 14 de l'Ordonnance de 1670, en décidant qu'il *fera procedé à l'interrogatoire au lieu où fe rend la Juftice, dans la Chambre du Confeil ou de la Geole, défend aux Juges de le faire dans leurs maifons.*

Le fieur d'Ector, premier Rapporteur, a fait les

interrogatoires des Accufés dans fon Hôtel : C’eft auffi dans fon Hôtel que le fieur Mouchard a fait le récolement des Témoins, & les confrontations.

Ainfi contravention la plus évidente au texte de la Loi, contravention qui influe fur toute la procédure criminelle. Il eft plus que probable que c’eft fur le motif de cette contravention, que le fieur Bazile demanda lui-même en 1750, que toute la procédure depuis le 19 Janvier 1742 fût déclarée nulle ; mais les Commiffaires par leur Jugement du 21 Août 1751, ont voulu la conferver, en ordonnant que, fans avoir égard aux nullités qu’il propofoit, les Accufés fubiroient feulement de nouveaux interrogatoires.

Cependant ces nouveaux interrogatoires que quelques-une des Accufés (entr’autres le fieur Malvillain) n’ont pas fubis, ne pouvoient rectifier le vice radical des premiers, qui ont fervi de baze à la procédure poftérieure, & au Jugement définitif.

Seconde Contravention. C’eft un principe du Droit public, confacré par un ufage fcrupuleufement obfervé dans tous les Tribunaux, qu’un Accufé qui décede avant le Jugement du Procès, meurt *integri ftatus*, & qu’on ne peut le condamner comme criminel : fa mort le fait réputer innocent aux yeux de là Juftice humaine.

L’article premier du titre 22 de l’Ordonnance citée, décide *que le Procès ne pourra être fait au cadavre, fi ce n’eft pour un crime de Leze-Majefté divine ou humaine, dans le cas où il échoit de faire le Procès aux défunts, duel, homicide de foi-même, ou rébellion à*

Juftice

Juſtice avec force ouverte, *dans la rencontre de laquelle il aura été tué;* l'article 2 exige que l'on nomme un Curateur au cadavre, *s'il eſt encore exiſtant, ſinon à ſa mémoire.*

Les deux freres le Mercier, les ſieurs Bonnet & Malvillain n'étoient certainement point dans les cas exceptés, ils ſont tous décedés dans le cours de l'Inſtance. S'ils euſſent été criminels de Leze-Majeſté, ou de duel, ou de s'être tués eux-mêmes, ou de rébellion à Juſtice avec force ouverte, il auroit fallu leur nommer des Curateurs pour les défendre ; néanmoins, quoiqu'ils ne fuſſent point dans l'exception, & qu'on n'eût pas même nommé de Curateur à leur mémoire, ni fait aſſigner leurs héritiers, ils ont tous été condamnés comme coupables des crimes dont on les avoit accuſés, crimes dont le Jugement les déclare atteints & convaincus : en conféquence on prononce contre *leurs ſucceſſions* des condamnations ſolidaires & accablantes.

Ainſi contravention, non - ſeulement au Droit public, à l'uſage inviolable de toutes les Cours & Juriſdictions du Royaume, mais encore aux articles 1er. & 2 du titre 22 de l'Ordonnance de 1670, même à l'article 92 de l'Ordonnance du mois d'Août 1737, qui enjoint, *à peine de nullité,* aux Juges qui ne connoiſſent des affaires que par évocation, de ſuivre *les Loix, Coutumes, & uſages des Tribunaux* d'où ces affaires *ſont évoquées,* & leur ſont attribuées.

On a déclaré Jean-Touſſaint de la Rue & Compagnie, *atteints & convaincus d'avoir occaſionné,*

Troiſiéme Contravention.

E

aidé & favorifé la banqueroute dès le Mercier.

On a obfervé dans le fait, que Jean-Touffaint de la Rue n'étoit que le Fondé du pouvoir de Jacques-Etienne de la Rue, & de fes deux fils aînés, pour la maifon de commerce qu'ils tenoient à Rouen; ce fait a été conftaté en l'Inftance. Jacques-Etienne de la Rue & fes deux fils aînés étoient en Société depuis près de vingt ans; ces trois Affociés formoient la Compagnie qui a été déclarée atteinte & convaincue; il n'a point été rendu de plainte contre elle, on ne l'a point décretée; on ne pouvoit donc l'envelopper régulierement dans cette difpofition du Jugement.

Il y a des regles prefcrites par le Légiflateur, pour faire le Procès aux Compagnies en matiere criminelle. L'article 2 du titre 21 exige que le Juge ordonne, que les Compagnies nommeront un Syndic ou Député, & qu'à leur refus, il nomme d'office un Curateur. L'article 3 porte, que le Syndic, le Député ou Curateur fubira les interrogatoires & la confrontation des Témoins.

Les Commiffaires qui ont jugé les Supplians n'ont point ordonné que la Compagnie des fieurs de la Rue nommeroit un Député; ils n'ont point nommé d'office un Curateur; il n'y a point eu d'interrogatoire, ni de confrontation, toutes formalités indifpenfables : néanmoins la Compagnie a été deshonorée, jugée coupable, & elle fe trouve ruinée fans qu'on lui ait donné la faculté de fe défendre. Fut-il jamais de Jugement plus contraire à la Loi?

Quatriéme Contravention.

Tous les Jugemens intervenus en la Commiffion

ne font fignés que du Préfident , & du Rapporteur.
Or , l'art. 14 du titre 25 de l'Ordonnance de 1670 ,
exige *que tous les Jugemens , foit qu'ils foient rendus à*
la charge de l'appel, ou en dernier reffort , foient fignés
par tous les Juges qui y ont affifté.

Il eft vrai que le même article déclare , qu'il n'en-
tend rien innover à l'ufage des Cours dont les Arrêts
feront fignés par le Rapporteur & le Préfident , mais
il ne s'agit point ici d'un Arrêt du Parlement, ce n'eft
qu'un Jugement de Commiffaires affujettis par la Loi
à figner tous enfemble.

En matiere criminelle tout eft de rigueur, & l'on
ne peut argumenter d'un cas à l'autre. Si le Légiflateur eût voulu difpenfer les Commiffaires tirés du
Parlement de figner leur Arrêt , il s'en feroit expli-
qué ; les Commiffaires n'étoient pas en droit d'inter-
préter l'Ordonnance ; ils ne pouvoient , fans y con-
trevenir , fe difpenfer de la fuivre littéralement , &
par conféquent de figner les minutes de leurs Jugemens.

L'Ordonnance de 1667 , article premier du titre   Cinquiéme
Contravention.
26, s'exprime ainfi : *Le Jugement de l'Inftance , ou*
Procès qui fera en état de juger , ne fera differé par la
mort des Parties , ni de leurs Procureurs. L'article 2 du
même titre décide , que *fi la Caufe, Inftance ou Procès*
n'étoient en état, les procédures faites , & les Jugemens
intervenus depuis le décès de l'une des Parties , ou du
Procureur , feront nuls , s'il n'y a reprife ou conftitution
de nouveau Procureur.

Le fieur Malvillain , les le Mercier, le fieur
Bonnet & la Dame Langlet font décedés un nombre

E ij

d'années avant le Jugement définitif; aucun de leurs héritiers n'a été affigné en reprife d'Inftance , & ne s'eft préfenté pour la reprendre. Lors de leur mort, le Procès étoit d'autant moins en état d'être jugé, que l'on a fait fignifier différentes Requêtes jufqu'en 1763 , & qu'on a rendu plufieurs Jugemens préparatoires , ou d'inftruction.

Toutes ces procédures & ces Jugemens, même le définitif, font donc évidemment nuls ; leur nullité doit paroître d'autant moins problématique, qu'elle eft expreffément prononcée par l'article 2 du titre cité de l'Ordonnance de 1667.

Pourquoi le Légiflateur a-t-il prononcé la nullité des procédures faites après la mort des Parties , & des Jugemens rendus en conféquence ? C'eft qu'il n'a pas voulu que l'on jugeât un Procès fans que l'héritier du décedé fût entendu , & qu'il eût la faculté de fe défendre.

Ni le fieur Bazile , ni aucune autre Partie , ni le Procureur Général de la Commiffion , n'ont rendu de plainte , foit contre Jacques-Etienne de la Rue, foit contre fa veuve, foit contre leurs enfans. Le fieur de la Rue pere ne fut affigné au mois de Janvier 1741 devant les Confuls , qu'à fins civiles ; fa veuve & leurs enfans n'ont été traduits devant les Commiffaires qu'aux mêmes fins, & pour procéder fur l'appel des Sentences Confulaires, interjetté par le fieur Bazile.

Sixiéme Contravention.

Il a plû aux Commiffaires d'ordonner, par leur Jugement du 8 Avril 1745 , malgré l'oppofition de l'un des Supplians, la jonction de l'Inftance civile au Procès criminel, pour être le tout jugé par un seul & même Arrêt. Par cette jonction on a privé les Supplians & leur mere, de la plus grande partie de leurs moyens de défenses. En effet, ils n'ont pu connoître les noms des Témoins entendus dans les informations; ils ont conséquemment été hors d'état de fournir leurs reproches; ils ne pouvoient être confrontés, puisqu'ils n'étoient ni accusés, ni décretés; on les a mis dans l'impossibilité de détruire les dépositions dont ils ne pouvoient être instruits que par la confrontation; toute la procédure criminelle a été secrete pour eux; le Jugement de jonction a rendu leur condition infiniment plus mauvaise que celle des Décretés, puisque ceux-ci ont connu les Témoins, qu'ils ont pu les récuser, & combattre leurs dépositions lors de la confrontation.

Les Supplians & leur mere n'ont pû demander à faire preuve de leurs faits justificatifs, ni se justifier par des interrogatoires, puisqu'on n'a fait aucune procédure criminelle contr'eux. Le sieur Bazile & les autres Parties qui lui ont adhéré, n'ayant aucune sorte de preuve par écrit que les feus Sieur & Dame de la Rue, & les Supplians ayent *occasionné, aidé & favorisé la banqueroute des le Mercier*, auroient été, en procédant par la voye civile contre la feue Dame de la Rue & ses enfans, dans la nécessité d'en demander la preuve par Témoins, en ce cas les Supplians auroient été admis à faire la preuve contraire; ils auroient été en état de reprocher les Témoins de leurs Adversaires; ils auroient eu la communication de l'Enquête, & ils auroient pû en argumenter.

Tous ces moyens de défenses ont été interdits aux Supplians; on s'eſt ſervi pour les condamner & les deshonorer autentiquement, de dépoſitions & de confrontations qui leur étoient étrangeres, dont il ne leur étoit pas permis de prendre communication, parce que c'étoient des procédures ſecretes & beaucoup plus ſecretes pour eux que pour les Accuſés, qui, par les confrontations étoient informés de la valeur des charges : le Jugement de jonction a donc réduit les Supplians à l'impoſſibilité de pouvoir ſe défendre.

Un Jugement qui met une Partie dans l'impoſſibilité de fournir ſes défenſes, eſt non-ſeulement inique en lui-même, mais il eſt encore contraire au droit des gens, au droit public, & à toutes les Ordonnances civiles & criminelles, qui veulent que les Citoyens ayent une pleine liberté de ſe défendre par tous les moyens poſſibles : Un homme accuſé des plus énormes crimes a bien ce droit ; les Légiſlateurs le lui ont toujours précieuſement conſervé, en éxigeant qu'au moment qu'il doit être jugé, les Juges l'entendent dans un dernier interrogatoire.

Comment donc pourroit-on laiſſer ſubſiſter un Jugement qui a dépouillé les Supplians & leur mere de la faculté de ſe défendre, Jugement dont le définitif tire ſa ſource, puiſque *ſur le vû des charges réſultantes du Procès, & faiſant droit, tant ſur l'action civile de Bazile, que ſur la plainte par lui préſentée devant le Lieutenant Criminel du Bailliage de Rouen,*

il prononce d'*immenses condamnations contre les Sup-*
plians, folidairement avec les fucceffions des Accufés
décedés, la Dame Baraguey, Jean-Touffaint de la Rue
& Compagnie.

La deftruction du Jugement de 1745 doit nécef-
fairement entraîner celle du Jugement définitif qui
en eft la fuite & la conféquence.

Les Ordonnances de 1670 & 1737 prefcrivent
des regles pour inftruire & juger le faux, tant principal qu'incident; elles veulent qu'en matiere de
faux principal, les procédures fe faffent en la même
forme & maniere que celles de tous les autres crimes; les informations doivent être faites, tant par
Témoins, que par Experts.

Quant au faux incident, il y a auffi différentes
formalisés dont les Juges ne peuvent fe difpenfer;
les regles fixées par ces Ordonnances doivent être
remplies dans la plus grande rigueur, à peine de
nullité.

En 1750 le fieur Bazile rendit plainte en faux
principal contre le tableau du 17 May 1740, & les
deux certificats du mois d'Août 1741. Ces piéces
avoient été repréfentées dans l'Inftance par quel-
ques-uns des Accufés. Ainfi, aux termes de l'article
premier du titre 2 de l'Ordonnance de 1737, elles
n'étoient fufceptibles que d'une inftruction de faux
incident : quoiqu'il en foit, le Jugement du 21 Août
1751, avoit ordonné qu'il feroit *informé, tant par*
preuves littérales que par Témoins, que le tableau & les
deux certificats avoient été fauffement fabriqués ; mais
on s'eft contenté de parapher les piéces arguées.

Septiéme
Contravention.

On n'a point mis de moyens de faux au Greffe, on n'a fait nulle information, parce qu'on a, fans doute, reconnu l'impoſſibilité du fuccès de l'infcription de faux : Le ſieur Bazile ne s'eſt point infcrit en faux contre les affirmations faites en 1740, 1741 & 1742, au ſujet des fommes dûes par Michel & Pierre le Mercier à la Compagnie ou Société du ſieur Jacques-Etienne de la Rue & de ſes deux fils.

Néanmoins le Jugement définitif déclare toutes ces piéces fauſſes ; il décide ainſi, que le feu ſieur de la Rue, ſon fils aîné, & le feu ſieur Malvillain ſont des Fauſſaires ; c'eſt-là le principal motif qui a fait prononcer de ſi terribles condamnations contre les Supplians, les fucceſſions tant de leurs pere & mere que du ſieur Malvillain.

Il n'eſt pas permis à des Juges de déclarer d'office des piéces fauſſes, ni de perdre de réputation des Citoyens, en les annonçant par un Jugement folemnel, qu'ils ſont des Fauſſaires : le Légiflateur veut qu'une matiere de cette nature qui eſt ſi grave, ſi délicate, ne ſoit jugée qu'après avoir fatisfait aux formalités prefcrites par la Loi, & une inſtruction la plus complette.

Le Jugement définitif qui déclare faux le tableau, les affirmations & les certificats, renferme donc encore à cet égard une infraction la plus évidente aux Ordonnances qui concernent la matiere du faux.

Huitiéme Contravention. Par le même Arrêt d'attribution du 25 Août 1741, Sa Majeſté n'avoit nommé que dix Commiſ-faires, mais comme l'affaire étoit exceſſivement

compliquée,

compliquée, & d'une très-vaste étendue, elle avoit jugé à propos d'augmenter, par ses Arrêts des 29 Décembre 1744, & 16 Juillet 1754, le nombre des Commissaires jusqu'à quatorze.

Depuis l'Arrêt de 1754, trois des Commissaires sont décedés, le sieur de Sacy au mois de Novembre 1755, le sieur d'Ectot, premier Rapporteur, au mois de Juin 1762, & le sieur Abbé de Germont, au mois de Février 1763. Ces trois Commissaires n'ont point été remplacés; les Commissaires ne pouvoient pas juger jusqu'à ce que Sa Majesté eût subrogé à la place des trois décedés; l'intention du Roi leur étoit d'autant plus connue sur ce point, que par l'Arrêt de 1754, Elle avoit voulu qu'il y eût quatorze Commissaires en état d'assister au Jugement; il ne leur étoit pas libre de priver les Supplians de trois voix qui pouvoient leur être favorables, & emporter la balance.

Si ces trois voix avoient seulement occasionné un partage d'opinions, les Adversaires succomboient nécessairement, parce qu'en matiere criminelle, lorsqu'il y a partage, ou que les suffrages qui opinent contre les Accusés, ne forment qu'une voix de plus, le Jugement doit, suivant l'Ordonnance de 1670, passer à l'avis le plus doux.

Quand on supposeroit que les Commissaires qui ont jugé étoient unanimes dans les opinions, les trois Juges qui devoient être remplacés, ne pouvoient-ils pas les faire changer de sentiment? Dès que la volonté du Roi a été qu'il y eût quatorze Commis-

F

42

faires, il eſt évident que ceux qui ont jugé y ont for-
mellement contrevenu en décidant le Procès, ſans
que le Conſeil eût remplacé les trois Commiſſaires
décedés.

On objecteroit vainement, que les Commiſſaires
étoient au nombre de ſept lorſqu'ils ont rendu leur
Jugement, & que ce nombre ſuffiſoit, conformé-
ment à l'Arrêt qui a établi la Commiſſion ; cette ob-
jection ſeroit impuiſſante, parce qu'il ſuffit que les
trois qu'on auroit dû faire ſubroger, euſſent pû aſſiſ-
ter au Jugement, & qu'on ne pouvoit en priver les
Supplians, en ne faiſant pas rendre un Arrêt de ſu-
brogation qui auroit pû occaſionner un Jugement
diamétralement contraire à celui qui eſt intervenu ;
on doit d'autant plus le préſumer, que le Jugement
définitif eſt plein d'injuſtices & de contraventions,
& que trois Juges de plus auroient pû déterminer
les Commiſſaires qui ont aſſiſté au Jugement, à changer d'avis.

Tant d'injuſtices ſi criantes, & tant de contraventions ſi évidentes, ne permettent pas de douter de
la caſſation que les Supplians reclament.

A CES CAUSES, SIRE, PLAISE A VOTRE
MAJESTÉ, caſſer & annuller le Jugement du 17
Août 1763, rendu entre les Supplians, le ſieur Bazile & Compagnie, le ſieur du Gard, le Syndic des
Créanciers de Michel le Mercier, le ſieur des Ramés
& autres Parties : caſſer pareillement tous les Jugemens intervenus dans cette affaire, & toutes les pro-

cédures depuis le 19 Janvier 1742; en conféquence, pour être fait droit aux Parties ſur le fond de leurs conteſtations, les renvoyer en tel Tribunal qu'il plaira au Conſeil. Les Supplians continuëront leurs vœux pour la ſanté de VOTRE MAJESTÉ.

LE BUREAU DES CASSATIONS.

Monſieur DE PERNAY, Maître des Requêtes, Rapporteur.

M^e. ROUSSEL, Avocat.

De l'Impr. de CH. EST. CHENAULT, rue de la Vieille Draperie.

www.ingramcontent.com/pod-product-compliance
Ingram Content Group UK Ltd.
Pitfield, Milton Keynes, MK11 3LW, UK
UKHW021144140726
13695UKWH00005B/1941